das
kölsche liedbuch

LUND

Impressum

© 2005 Lund Verlagsgesellschaft mbH, Köln
All rights reserved

Redaktion: Stephan Meyer
Layout, Satz und Illustration: Tobias Kuhn
Lektorat: Gregor Müller

ISBN 3-938486-00-7

2. unveränderte Auflage
Printed in EU

inhalt

Vorwort	5
Am Eigelstein es Musik	6
Beinah, beinah (hätt ich se jebütz)	8
Buenos Dias Mathias	10
Dat Hätz vun dr Welt	12
Dat Wasser vun Kölle	14
De Mama kritt schon widder e Kind	16
Mir sin kölsche Mädcher	18
Denn wenn et Trömmelche jeit	19
Der treue Husar	20
Dicke Mädchen haben schöne Namen	22
Die Karawane zieht weiter	23
Drink doch eine met	24
Echte Fründe	25
En d´r Kaygass	26
Eimol Prinz zo sin	28
In unserem Veedel	29
Es war in Königswinter	30
Heidewitzka Herr Kapitän	31
Hey Kölle! Do bes e Jeföhl!	32
Ich ben ne Räuber	33
Kumm loss mer fiere!	34
Leev Linda Lou	35
Mer losse d´r Dom en Kölle	36
Mir klääve am Lääve	37
Mir schenken dä Ahl e paar Blömcher	38
Op dem Maat	39
Polterovend	40
Schau mir in die Augen	41
Superjeilezick	42
Viva Colonia	43
Wenn de Sonn schön schingk	44
Am Aschermittwoch	45
Das kölsche Grundgesetz	46
Rechte	47

vorwort

Wer kennt das nicht: Da steht man mal wieder in einer Kneipe mitten im Kölschen Karneval, das lecker Kölsch in der einen Hand, den freundlich lächelnden Lappenclown mit der anderen Hand untergehakt, und dann ertönt dieses Lied… Wie geht das doch gleich?

Oder gehören Sie zu denen, die alle Liedtexte der einschlägigen kölschen Klassiker immer parat haben? Geht Ihnen alles zu jeder Gelegenheit flüssig über die Lippen?

In diesem kleinen Buch ist zum ersten Mal das Wichtigste vom Wichtigsten zusammengefasst, hier findet man endlich die Texte der bekanntesten Karnevals-Hits, dieses Buch bietet die Möglichkeit, dabei zu sein und mitzusingen.

Die Auswahl der Texte ist aus der Beobachtung des Kölner Kneipenkarnevals entstanden und die meisten Texte sind über viele Jahre karnevalserprobt. Die Bläck Fööss müssen natürlich dabei sein, genauso wie die Höhner, die Räuber und die Paveier. Und auch Lieder von Brings, Lotti Krekel und Wicky Junggeburth fehlen in dieser Sammlung nicht.

Es bleibt uns deshalb nur noch, allen Jecken frohes Singen zu wünschen und die Vorfreude auf den echten, den kölschen Kneipen- und Straßenkarneval zu steigern.

Kölle Alaaf!

Am Eigelstein es Musik
Text und Musik: K.-H. Brand

Am Samstag wor widder ens Danz aanjesaat
un jeder, de kunnt, wor dobei.
Die Müllers, die Meiers, die Lehmanns, dä Schmitz,
us Neppus sujar Onkel Hein.
Jo de Musik, die wor ald öm zehn Uhr blau,
un op einmol saat dann dr Weet:
„Och Rita kumm loss mer ens danze jonn,
ens luure, ov et immer noch jeiht."

Am Eigelstein es Musik - am Eigelstein es Danz
jo do pack dat decke Rita - däm Fridolin ...
am Eigelstein es Musik - am Eigelstein es Danz
jo do pack dat decke Rita - dem Fridolin am
Trallalalalalala

Jetz kom och dä Heinrich su richtig en Form,
vorbei woren all sing Ping.
Un hä saat „Man müsste noch mal ..."
jo do feel em de Brill en dr Wing.
Et Höhneraug's Cilli dat danzte mem Jupp,
su wie fröher met Schwung durch dr Saal.
Un Rudi der Geiger jo dä stemmte jrad an,
dä Tango Kriminal.

Am Eigelstein es Musik - am Eigelstein es Danz ...

Doch öm vier en dr Fröh kom et Abschiedsleed,
selvs dr Weet jo dä kunnt nit mie stonn.
„Immer dann wenn es gerade am schönsten ist,"
säht dr Hein „jo dann soll mer och jonn."

Am Eigelstein es Musik - am Eigelstein es Danz ...

Beinah, beinah (hätt ich se jebütz)
Musik und Text: Paveier

Dat Marleen hätt decke Brüssje
Dat Marleen hätt tolle Bein
doch will ich em ens drahn föhle
dann säht et immer nein
Dat Marleen dat hätt e Föttche
Dat Marleen iss stets joot drop
Ich muß immer ahn et denke
jähn hätt ich se ens je …

Beinah Beinah Beinah Beinah
Beinah hätt ich se jebütz
ävver leider kom dä Reiner
un dä hätt dat Ding jeritz
wat hätt dä wat ich nit hann
wat wellste blos mit su nem Mann
Mädche loss mich nit su stonn
Mädche loss dä Kähl doch jonn

Dat Marie hätt jett om Konto
Dat Marie hätt jett em Kopp
Doch et lööt mich nit drahn rüche
säht jangk du bes beklopp
Dat Marie hätt schöne Aure
die Fijur iss wirklich top
ich kann Naats nit mieh schlofe
jän hätt ich se ens je …

Beinah beinah beinah
beinah hät ich se jebütz …

Bin Fahrer bei der KVB,
ming Mamm meint ich wör janz o.k.
Ich kann bahl nit mieh drüvver laache
sach Mamm wat soll ich dann bloß maache

Beinah beinah beinah
beinah hät ich se jebütz …

Doch dat Rita hätt e Föttche
su wie e Sester-Pääd
Do kanns de nix mieh sare
wenn die de Schnüß obmäht
Dat Rita brenk zwei Zentner
dat määt mich fass beklopp
et lööt mich Naats nit mieh schlofe
jähn hätt die mich ens je

Beinah Beinah Beinah Beinah
Beinah hätt se mich jebütz
saach wo bliev dann blos dä Reiner
dä dat Ding söns immer ritz
Wat hann ich wat dä nit hätt
Nem dä Reiner dä es nett
Mädche loss mich levver stonn
Mädche loss mich endlich jonn

Buenos Dias Mathias

Text: K. Lückerath, M. Brühl, H. R. Knipp
Musik: K. Lückerath, M. Brühl, H.-L. Brühl

En Woch op Mallorca met Halbpension,
Betriebsausfluch Lüsgens Kranz und Sohn,
Dä Hoot op de Brell aan un ab aan dä Strand.
Am Ballermann han se uns treck widder erkannt.
Pesetas jetuusch un die Fläsche op, dat Jedusels
Eraf un d´r Ostermann drop.
Buena notte Charlotte Mallorca si si
Dat es uns Erholung wat bruche mer mih.

Buenos Dias Mathias mer sin widder do
Am Strand vun Mallorca wie jedes Johr
Met alle Mann am Ballermann
Nur Amore un Sonnesching un kei Bett jesinn
Met alle Mann am Ballermann
Nur Amore un Sonnesching un kei Bett jesinn
Met alle Mann …

Ovends jejesse et jov widder Fesch
Un dann en de Disco wä setz do am Desch
Die Mädche vum Käjelclub „Drieß op die Kall"
Us Neppes Jung die kenne mer all.
Nohm fuffzehnte Danz hät d´r Jupp widder Ping
Un rührt all sing Pille en et Bier met eren.
D´r Franz määt op Liebe en Witwe us Prüm,
Dä hammer em Fluchzeuch eets widderjesinn.

Buenos Dias Mathias mer sin widder do …

Schwemme wor keiner dofür blevv kein Zick
De Nas es zwar rut ävver brung simmer nit.
Doheim aanjekumme denk jedermann
Et jrööste usser Kölle es un bliev d´r Ballermann.

Buenos Dias Mathias mer sin widder do …

Dat Hätz vun dr Welt

Text und Musik: J.-P. Fröhlich, H.R. Knipp, P. H. Peters,
G. Steinig, P. Werner-Jates, F.-M. Willizil

12 Eines Daach dr Herrjott saat
mein Jott Urlaub – dat wör´n Saach
röf Engel Jupp un Engel Franz un Engel Schäng
Ihr drei ihr fleecht ens flöck zor Äd
luurt jot hin wat sich su deit
ich well wesse, wo de schönste Fleckcher sin

Doch benempt üch sät dä Här
ich weiß dat fällt üch manchmol schwer
Ich möch e schön Hotel met Meer un Sonnesching
Engel Schäng sät: Chef hür zo
Ich weiß wat läuf ich wor ald do
dä schönste Fleck op dinger Äd, dä litt am Rhing

Dat Hätz vun der Welt jo dat es Kölle
Dat Hätz vun der Welt dat schlät am Rhing
Es och dr Himmel öfters jrau und dat Sönnche schingk jet mau
doch die Kölsche han em Hätze Sonnesching

Vier Woche sin die drei op Jöck
als eetster küt dr Jupp zoröck
liht sing Engelsflöjel hänge un verzällt:
Ich wor in Hongkong, USA, op Ibiza, Kanada
doch dä Dom, dä es dat Schönste op dr Welt

Dat Hätz vun der Welt jo dat es Kölle …

Engel Franz küt anjeras
em Jeseech en rude Nas
lallt: Mein Jott wo simmer he, wo is mi Jlas?
Cuba Libre, Wiskey, Gin – Rum un Cognac un och Wing
doch et best es e lecker Kölsch vum Faß

Dat Hätz vun der Welt jo dat es Kölle …

Alles waat op Engel Schäng
Wo bliev dat Kälche bloß esulang
Unsre Herrjott dä weed kribblich un nervös
Doch do kütt e Telejramm: Ich kündije – Engel Schäng
Ich bliev en Kölle – Stopp – ich hierode et Nies

Dat Hätz vun der Welt jo dat es Kölle …

Dat Wasser vun Kölle

Text und Musik: T. R. Engel, H. R. Knipp, G. Lückerath,
H. Priess, W. Schnitzler, P. Schütten, E. Stoklosa

Als unser Vatter do bovven de Welt jemaat,
do hät hä et schönste Fleckche Ääd he an d´r Rhing jelaat.
Dann nohm hä die Kölsche an de Hand un saat:
Dat es jetz üch – et jelobte Land.
He künnt ihr klüngele, bütze, singe un fiere,
ävver halt' mer all die Sache öm Joddeswelle en Ihre.
Un maat och nit nur ei Deil dovun kapott,
denn ihr wißt, ich sin alles,
un dann nemm ich et üch widder fott.

*Oh leever Jott, jev uns Wasser,
denn janz Kölle hät Doosch.
Oh leever Jott, jev uns Wasser
un helf uns en d´r Nuut.*

Ming Blome lossen alles hänge,
(Wä hilf en d´r Nut?)
D'r Wellensittich es wie jeck am schänge,
(Dä Jung hät secher Woot)
Uns Joldfesch han de Auge deck
(Un sare keine Ton)
De Wäschmaschin spillt total verröck,
(Woröm hät d´r Minsch Calgon?)

Ming Filme entwickel ich ovends em Rhing,
dat jeit janz jot, denn do es alles dren.
Och wemmer av un zo d´r Dönnschess han,
mer gläuven wigger dran.

Dat Wasser vun Kölle es jot …

Oh leever Jott, jev uns Wasser …

Nierestein sin schwer am kumme,
(Oh Herr, wat deit dat wieh)
Och d´r Hoorusfall hät zojenomme,
(Do hilf kei böschte mieh)

Alle Wasserrühre sin total verstopp,
(Die dröppen vür sich hin)
Om Kaffee schwemp ´ne fiese Ölfilm drop,
(Wie kütt dat Öl do ren?)

Uns Feuerwehr, die es bestemmp nit schläch,
doch wenn se lösch, Jung, dann brennt et eets räch.
Oh Herr, dun e Wunder, üvverläch et dir,
söns stommer morje vür dinger Dür.

Dat Wasser vun Kölle es jot ...

Oh leever Jott, jev uns Wasser ...

De Mama kritt schon widder e Kind

Text und Musik: T. R. Engel, D. Jänisch, G. Lückerath,
H. Priess, P. Schütten, E. Stoklosa

Op dem Hingerhoff
is d´r Düvel widder loss,
denn die Schmitze Pänz sin widder im Revier.
Se han sich in d´r Woll
mit dem kleine Fritze Koll,
weil die Mam vun dem in Hoffnung is.

Un singe
Sha-la-la-la
Na Na Na Na Na Na
ding Mama kritt schon widder e Kind.
Un singe
Sha-la-la-la
Na Na Na Na Na Na
ding Mama kritt schon widder e Kind.

Dem Fritz is dat zu bunt
un säht: Jetzt halt ens üre Mund,
denn an eines hatt ihr nit jedaach.
Mir packten üch zwar nie,
doch bahl hammer eine mieh
un dann sidder nur noch sibbe jejen aach.

Un hä singk
Sha-la-la-la …

Doch noh einem Johr
wor dann alles widder klor,
denn die Schmitzens woren dismol an d´r Reih.
Wer hätt dat jedach?
D´r kleine Fritz krät bahl ne Schlach,
denn jetz woren Schmitzens widder bei.

Un singe
Sha-la-la-la …

Mir sin kölsche Mädcher

Text und Musik: M. Köllner

Wir haben nach keinem zu fragen
Wir haben kein Mann und kein Kind.
Wir haben nach keinem zu fragen
Weil wir nicht verheiratet sind.

Denn mir sin kölsche Mädcher
Hann Spetzebötzjer an
Mir lossen uns nit dran fummele
Mir lossen keiner dran.

Wir sind nicht gegen die Männer
Wir mögen sie furchtbar gern.
Wir sind nur nicht leicht zu haben
Fisternöllche liegen uns fern.

Denn mir sin kölsche Mädcher ...

Und wenn es auch kreuz über querr kommt
Die Welt ohne Männer wär leer.
Auch wenn sie uns manchmal ärgern
Wir nehmen das gar nicht so schwer.

Denn mir sin kölsche Mädcher ...

Denn wenn et Trömmelche jeit

Text und Musik: K.-H. Brand, G. Müntnich

Jedes Johr em Winter, wenn et widder schneit,
kütt dr Fastelovend un mir sin all bereit.
All de kölsche Jecke süht mr op dr Stroß,
selvs dr kleenste Panz dä weiß
jetzt jeit et widder loss.

Denn wenn et Trömmelche jeit,
dann stonn mer all parat
un mer trecke durch die Stadt
un jeder hätt jesaat
Kölle Alaaf, Alaaf – Kölle Alaaf

Jo am 11.11. jeit dat Spillche loss,
denn dann weed dr Aap jemaht,
ejal wat et och koss.
De Oma jeit nom Pfandhaus,
versetzt et letzte Stöck
denn dr Fastelovend es für sie et jrößte Jlöck.

Denn wenn et Trömmelche jeit, …

Der treue Husar
Text und Musik: traditionell

Es war einmal ein treuer Husar,
Der liebt´ sein Mädchen ein ganzes Jahr,
|: Ein ganzes Jahr und noch viel mehr,
Die Liebe nahm kein Ende mehr. :|

Der Knab´ der fuhr ins fremde Land,
Derweil ward ihm sein Mädchen krank,
|: Sie ward so krank bis auf den Tod,
Drei Tag, drei Nacht sprach sie kein Wort. :|

Und als der Knab´ die Botschaft kriegt,
Daß sein Herzlieb am Sterben liegt,
|: Verließ er gleich sein Hab und Gut,
Wollt seh'n, was sein Herzliebchen tut. :|

Ach Mutter bring´ geschwind ein Licht,
mein Liebchen stirbt, ich seh´ es nicht,
|: das war fürwahr ein treuer Husar,
der liebt' sein Mädchen ein ganzes Jahr. :|

Und als er zum Herzliebchen kam,
Ganz leise gab sie ihm die Hand,
|: Die ganze Hand und noch viel mehr,
Die Liebe nahm kein Ende mehr. :|

„Grüß Gott, grüß Gott, Herzliebste mein!
Was machst du hier im Bett allein?"
|: „Hab dank, hab Dank, mein treuer Knab´!
Mit mir wird's heißen bald: ins Grab!" :|

„Grüß Gott, grüß Gott, mein feiner Knab.
Mit mir wills gehen ins kühle Grab."
|: „Ach nein, ach nein, mein liebes Kind,
Dieweil wir so Verliebte sind." :|

„Ach nein, ach nein, nicht so geschwind,
Dieweil wir zwei Verliebte sind;
|: Ach nein, ach nein, Herzliebste mein,
Die Lieb und Treu muß länger sein. :|

Er nahm sie gleich in seinen Arm,
Da war sie kalt und nimmer warm;
|: „Geschwind, geschwind bringt mir ein Licht!
Sonst stirbt mein Schatz, daß´s niemand sicht." :|

Und als das Mägdlein gestorben war,
Da legt er´s auf die Totenbahr.
|: Wo krieg ich nun sechs junge Knab´n,
Die mein Herzlieb zu Grabe trag´n? :|

Wo kriegen wir sechs Träger her?
Sechs Bauernbuben die sind so schwer.
|: Sechs brave Husaren müssen es sein,
Die tragen mein Herzliebchen heim. :|

Jetzt muß ich tragen ein schwarzes Kleid,
Das ist für mich ein großes Leid,
|: Ein großes Leid und noch viel mehr,
Die Trauer nimmt kein Ende mehr. :|

Dicke Mädchen haben schöne Namen

Text und Musik: J.-P. Fröhlich, H. Krautmacher,
H. Schöner, P. Werner-Jates

Ich hab da so ne klitzekleine Schwäche –
zu der ich voll und ganz und ehrlich steh´.
Bei mir da tanzen die Hormone Mambo
wenn ich nur dicke Mädchen seh´.

Ob aus Norden, Süden, Osten oder Westen,
dicke Mädchen sind einfach die besten!
Dünne Mädchen wollen immer Blumen – schade!
Aber dicke wollen immer Schokolade!

Dicke Mädchen haben schöne Namen,
heißen Tosca, Rosa, oder Carmen.
Dicke Mädchen machen mich verrückt,
dicke Mädchen hat der Himmel geschickt!

Dicke Mädchen können besser singen,
weil ihre Körper einfach besser klingen.
Dicke Mädchen sind die idealen,
selbst Rubens wollte keine and´ren malen.

Dicke Mädchen haben schöne Namen …

Dicke Mädchen hab'n ein größ'res Herz für Männer,
So ne Sumo-Frau – wär eigentlich der Renner!

Dicke Mädchen haben schöne Namen …

Die Karawane zieht weiter

Text und Musik: J.-P. Fröhlich, H. Krautmacher, H. Schöner,
P. Werner-Jates, M. Neschen, M. Riedel, F.-M. Willizil

Dummer ne, dummer ne, dummer ne Klore!
Dummer ne, dummer ne, dummer ne Klore!

Hammer nit, hammer nit, hammer nit!
Hammer nit, hammer nit, hammer nit!

Oh jeh! Su ne Driss, su ne Driss, su ne Driss!
Oh jeh! Su ne Driss, su ne Driss, su ne Driss!

Jommer in en andere Kaschämm! Schämm!
Jommer in en andere Kaschämm!

Die Karawane zieht weiter, der Sultan hätt Doosch!
Dä Sultan hätt Doosch! Dä Sultan hätt Doosch!
Die Karawane zieht weiter, der Sultan hätt Doosch!
Dä Sultan, dä Sultan dä hätt Doosch!

Dummer ne, dummer ne, dummer ne Klore!
Dummer ne, dummer ne, dummer ne Klore!

Han evver, han evver, han evver nur Kabänes!
Han evver, han evver, han evver nur Kabänes!

Wolle mr, wolle mr, wolle mr, wolle mr nit!
Wolle mr, wolle mr, wolle mr, wolle mr nit!

Jommer in en andere Kaschämm! Schämm!
Jommer in en andere Kaschämm!

Die Karawane zieht weiter, der Sultan hätt Doosch …

Doch Nathan der Weise, der wußte Bescheid –
Der kannte ne Oase und die war nicht sehr weit!

Die Karawane zieht weiter, der Sultan hätt Doosch …

Drink doch eine met

Text und Musik: Fred Hoock

´ne ahle Mann steht vür d´r Weetschaftsdüür,
der su jän ens eine drinken däht.
Doch dä hätt vill zu winnig Jeld,
Su lang hä och zällt.

In d´r Weetschaft es die Stimmung jroß,
ävver keiner süht dä ahle Mann,
doch do kütt einer met enem Bier
un sprich en einfach an:

Drink doch eine met, stell dich nit esu ahn.
Du steihs he de janze Zick eröm.
Häs de och kei Jeld, dat es janz ejal,
drink doch met un kümmer dich nit dröm.

Mancher sitz vielleicht allein zu Hus,
dä su jän ens widder laache dät.
Janz heimlich do waat hä nur dodrop,
dat einer zo im sät:

Drink doch eine met …

Echte Fründe

Musik: trad.; Text: J.-P. Fröhlich, P. Horn-Peters, G. Steinig,
P. Werner-Jates, F.-M. Willizil

Echte Fründe ston zesamme,
ston zesamme su wie eine Jott un Pott
Echte Fründe ston zesamme,
es och dih Jlöck op Jöck un läuf dir fott.
Fründe, Fründe, Fründe en der Nut,
jon´er hundert, hundert op e Lut.
Echte Fründe ston zesamme,
zu wie ene Jott un Pott.

Do häß Jlöck, Erfolg un küss zo Jeld.
Dich kennt he op eimol Jott un alle Welt.
Minsche, die dich vörher nit jekannt
kummen us de Löcher anjerannt,
und sin janz plötzlich all met dir verwandt.

Echte Fründe ston zesamme …

Do häß Pech, et jeit dr Birch erav,
Verjesse es all dat wat do bisher jeschaff.
Minsche, die dich vörher jot jekannt
jevven dir noch nit ens mih de Hand.
Jetz sühs do, wä met Rääch sich Fründ jenannt.

Echte Fründe ston zesamme …

En d´r Kaygass
Text: W. Herkenrath
Musik: H. Kläser

En d´r Kayjass Nummero Null
steit en steinahl Schull
Un do hammer dren studiert.
Unsere Lehrer, dä heess Welsch,
sproch e unverfälschtes Kölsch
Un do hammer bei jeliehrt.
Joh un mer han off hin un her üvverlaat
un han för dä Lehrer jesaat:

Nä, nä, dat wesse mer nit mih, janz bestemp nit mih,
Un dat hammer nit studiert.
Denn mer woren beim Lehrer Welsch en d´r Klass
Do hammer sujet nit jeliehrt.
Dreimol Null es Null es Null
Denn mer woren en d´r Kayjass en d´r Schull
Dreimol Null es Null es Null
Denn mer woren en d´r Kayjass en d´r Schull

Es en Schiev kapott,
es ene Müllemmer fott,
hät d´r Hungk am Stätz en Dos.
Kütt ene Schutzmann anjerannt,
hät uns sechs dann usjeschannt,
sät: Wat maat ihr sechs dann bloß?
Joh un do hammer widder hin un her üvverlaat
un han för dä Schutzmann jesaat:

Nä, nä, dat wesse mer nit mih, janz bestemp nit mih,
Un dat hammer nit studiert …

Neulich krät uns en d´r Jass
die Frau Kääzmanns beim Fraass,
sät: Wo lauft ihr sechs bloß hin?
Uns Marieche sitz zo Hus,
weiss nit en un weiss nit us,
einer muss d´r Vatter sin.
Joh un do hammer widder hin un her üvverlaat
un han för die Kääzmanns jesaat:

(Leev Frau Kääzmann)
Nä, nä, dat wesse mer nit mih, janz bestemp nit mih,
Un dat hammer nit studiert …

Eimol Prinz zo sin

Text und Musik: W. Junggeburth, D. Steudter

Der eine söök em Spill sing Jlöck,
der and're is op Jold verrück,
doch jeder echte Kölsche Stopp
hätt doch nur eens im Kopp:

Eimol Prinz zo sin,
in Kölle am Rhing,
in nem Dreijestirn
voll Sunnesching!
Davon hann ich schon
als kleene Fetz gedräump.
Eimol Prinz zo sin,
sonst häs de jet versäump!

Doch dat Jlöck is ech komplett,
wenn mer echte Fründe hätt
so ne richtig kölsche Buur
en Jungfrau met Humor.

Eimol Prinz zo sin ...

Wat wör dat schönste Dreijestirn
ohne Jecke stünde mer im Rään.
Drum maht met uns hück eine dropp,
dann steht janz Kölle Kopp!

Eimol Prinz zo sin ...

In unserem Veedel

Text und Musik: T. R. Engel, D. Jänisch, G. Lückerath,
H. Priess, P. Schütten, E. Stoklosa

Wie soll dat nur wigger jon,
wat bliev dann hück noch ston,
die Hüsjer un Jasse
die Stündcher beim Klaafe
es dat vorbei.

En d´r Weetschaff op d´r Eck
ston die Männer an d´r Thek´
die Fraulückcher setze
beim Schwätzje zosamme,
es dat vorbei.

Wat och passeet
dat Eine es doch klor
et Schönste, wat m´r han
schon all die lange Johr
es unser Veedel,
denn he hält m´r zosamme
ejal, wat och passeet
en uns´rem Veedel.

Uns Pänz, die spelle nit em Jras
un fällt ens einer op de Nas,
die Bühle un Schramme,
die fleck m´r zosamme,
dann es et vorbei.

Wat och passeet …
Dat es doch klor,
mer blieven, wo mer sin,
schon all die lange Johr,
en uns´rem Veedel …

Es war in Königswinter
Text und Musik: H. Korn, D. Steudter

Es war in Königswinter, nicht davor und nicht dahinter
Es war gleich mittendrin, als ich damals auf dich reingefallen bin
Es war gleich mittendrin, als ich damals auf dich reingefallen bin

Auf dem Drachenfels, da hab ich mich verliebt
doch ich wusste nicht, daß es noch Drachen gibt
heute hab ich ihn zu Haus
und verzweifelt ruf ich aus!

Es war in Königswinter, nicht davor und nicht dahinter …

Auch die Edeltraud vom Damen Kegelclub
auf dem Esel ritt sie mit dem schönen Jupp.
Erst zu Hause wurd Ihr klar,
daß der Jupp der Esel war.

Es war in Königswinter, nicht davor und nicht dahinter …

Heidewitzka Herr Kapitän

Text und Musik: K. Berbuer

Eimol em Johr dann weed en Scheffstour gemaht,
denn su en Faht, hät keinen Baat.
Eimol em Johr well mer der Drachenfels sin
wo köme mer söns hin?
Liebchen ade, mer stechen he
mem Müllemer Böötche endlich en See,
un wenn et ovends spät op Heim ahn dann geiht,
dann rofe mer vör luter Freud:

Heidewitzka, Herr Kapitän!
Mem Müllemer Böötche fahre mer su gähn,
m´r kann su schön em Dunkle schunkele,
wenn üvver uns de Sterne funkele.
Heidewitzka, Herr Kapitän!
Mem Möllemer Böötche fahre mer su gähn.

Volldampf voraus! Et geiht d´r Rhing jetzt entlang
met Sang un Klang, de Fesch wähde bang,
met hundert Knöddele dat litt klor ob d´r Hand,
wink uns et blaue Band.
Süch ens d´r Schmitz, met singem Fitz,
die sin ald jetz su voll wie an Spritz,
hä fällt dem Zigarettenboy öm d´r Hals
brüllt met´ner Stemm su voller Schmalz:

Heidewitzka, Herr Kapitän! …

Jung, ob dem Scheff ham´mer ald Windstärke 11,
bal Halver Zwölf un gar kein Hölf,
selvs de Frau Dotz, die met dem Wallfeschformat,
wood dovun seekrank grad.
Heimlich un stell bütz doch dat Bell
en der Kajütt ne knochige Böll,
nä et wed Zick met uns, mer müsse an Land,
mer sin jo wie us Rand und Band.

31

Hey Kölle! Do bes e Jeföhl!

Musik: J.-P. Fröhlich, P. Werner-Jates, F.-M. Willizil, H. Krautmacher, H. Schöner;
Text: alle vorherigen, W. Kissmer, G. Lischka

32
Ich han die Städte der Welt jesin,
ich wor in Rio, in New York un Berlin!
Se sin op ihre Aat jot un schön,
doch wenn ich ierhlich ben, do trick mich nix hin!
Ich bruch minge Dom, dä Rhing – minge Strom –
un die Hüsjer bunt om Aldermaat!
Ich bruch dä F. C., un die Minsche he,
un die jode, echte kölsche Aat!

Hey Kölle – do ming Stadt am Rhing,
he wo ich jroß jewode ben.
Do bes en Stadt met Hätz un Siel.
Hey Kölle, do bes e Jeföhl!

Do häss em Kreech fas´ mem Levve bezahlt,
doch se han dich widder opjestallt.
Die Zick, die määt och för dir nit halt,
hück häste Ecke, die sin jrau un kalt!
Do weed römjebaut un vell versaut,
un trotzdem eines, dat es jeweß:
Dat dä Ärjer vun hück – un dat jeiht flöck –
die jode ahle Zick vun murje es!

Hey Kölle – do ming Stadt am Rhing …

Ich blieve he, wat och passeet!
Wo ich die Lück verstonn,
wo ich verstande weed!
Hey, hey, hey!

Hey Kölle – do ming Stadt am Rhing …

Ich ben ne Räuber

Text und Musik: P. H. Peters

Ich trof e Leckerche, ich jläuv, dat stund op mich,
Et sproch mich an: drinks do met mer e Bier?
Ich saach: Leev Mädche, ich muß dich warne,
Loss de Finger weg vun mer.

Ich ben ne Räuber, leev Marielche,
Ben ne Räuber durch un durch.
Ich kann nit treu sin, läv en dr Daach ren,
Ich ben ne Räuber, maach mr kein Sorch.

Ich mein et hück ihrlich, wenn ich saach,
Ich maach Dich, doch bal ald kann dat janz anders sin.
Se dät bloß laache un sat: dat määt nix,
Morje weede mir wigger sin.

Ich ben ne Räuber, leev Marielche …

Am nächste Morje, ich hat kaum de Aure op,
Sat mieh Hätz: Jung, dich hät et erwisch!
He Marielche, ich han dich wirklich jän!
Do soh ich ne Zeddel om Köschedesch.

Ich ben och ene Räuber, leeve Pitter …

Kumm loss mer fiere!

Text und Musik: J.-P. Fröhlich, H. Krautmacher,
H. Schöner, P. Werner-Jates, F.-M. Willizil,

Kumm, loss mer fiere, nit lamentiere
jet Spass un Freud, dat hät noch keinem Minsch jeschad.
Denn die Trone, die do laachs, musste nit kriesche.
Loss mer fiere op kölsche Aat.

Unser Zick, die es had jenoch
kei Minsch weed dodrus klooch
wat he öm uns eröm passeet
mäht et Levve nit jrad söss.
Wä weiß schon, wie't morje wiggerjeiht?
An dä Sorje schunkele mer schon nit vörbei!
Alles hät sing Zick, un nix es einerlei.

Kumm, loss mer fiere, nit lamentiere …

Jedeilte Freud heiß dubbelt Freud,
un dat deit richtich jot
wan mer laache oder kriesche,
dat rejelt kei Jebot!!

Kumm, loss mer fiere, nit lamentiere …

Leev Linda Lou

Text und Musik: T. R. Engel, D. Jänisch, G. Lückerath, H. Priess,
P. Schütten, E. Stoklosa, H. R. Knipp

En d`r Weetschaff op d´r Eck
do stund et Linda an d´r Thek,
Su jet Leeves, dat hatt ich noch nie gesinn,
un ich wor direkt ganz hin
Ich saat, kumm drink met mir e Bier,
doch plötzlich woren et dann schon vier,
do reef ich Linda, wat mähst du met mir.

Linda, drink doch nit e su vell
Ich kann maache wat ich well,
du verträgs einfach mieh als ich.
Ich gläuv du drinks mich unger d`r Desch.
Oh, Linda, Linda, Linda Lou, Oh, Linda, Linda Lou,
keiner schaff zu vell wie du. Leev Linda Lou
Linda Lou Oh Linda, Linda, Linda Oh leev Linda Lou

Op einmol kunnt ich nit mieh stonn
un nit mieh vür un rückwärts gonn.
Ich saat däm Linda, kumm, ich will jetz no Hus
doch do lachte et mich einfach us.
un it bestellte noch zwei Bier,
denn däm gefeel et he met mir.
Do reef ich Linda, wat mähst du met mir:

Linda, drink doch nit e su vell ...

Et wor su koot noh halver zehn,
do schleef ich an däm Tresen en
Doch mie Linda wor noch unheimlich fit
un saat mer drink doch eine met.
Doch ich wor mööd un kuunt nit meh
un ming Föss, die däten wieh.
Do reef ich Linda, ich kann nit mieh:

Linda, drink doch nit e su vell ...

35

Mer losse d´r Dom en Kölle

Text: T. R. Engel, D. Jänisch, G. Lückerath, H. Priess, P. Schütten, E. Stoklosa, H. R. Knipp;
Musik: T. R. Engel, D. Jänisch, G. Lückerath, H. Priess, P. Schütten, E. Stoklosa, H. R. Knipp

Mer losse d´r Dom en Kölle,
denn do jehöt hä hin.
Wat soll dä dann woanders,
dat hät doch keine Senn.
Mer losse d´r Dom en Kölle,
denn do es hä zo Hus
un op singem ahle Platz
bliev hä och jot en Schoss,
un op singem ahle Platz
bliev hä och jot en Schoss.

Stell d´r vür d´r Kreml stünd am Ebertplatz,
stell d´r vür d´r Louvre stünd am Rhing,
do wör für die zwei doch vell zo winnich Platz,
dat wör doch e unvürstellbar Ding.

Am Jürzenich, do wör villeich et Pentajon,
am Rothus stünd dann die Akropolis,
do wöss mer övverhaup nit wo mer hinjon sollt,
un doröm es dat eine janz jewess:

Mer losse d´r Dom en Kölle …

Die Ihrestross die hiess villeich Sixth Avenue,
oder die Nord-Süd-Fahrt Brennerpass.
D´r Mont Klamott dä heiss op eimol Zuckerhot.
Do köm dat Panorama schwer en Brass.

Jetz froch ich üch, wem domet jeholfe es,
wat nötz die janze Stadtsanierung schon,
do soll doch leever alles blieve wie et es
un mir behalde uns´re schöne Dom.

Mer losse d´r Dom en Kölle …

Mir klääve am Lääve

Musik: trad.; Bearb.: W. Dies, T. R. Engel, T. Hendrik, G. Lückerath, H. Priess, W. Schnitzler, P. Schütten, E. Stoklosa; Text: H. Priess, T. R. Engel, E. Stoklosa, P. Schütten, G. Lückerath, W. Schnitzler

Wenn mer morje kei Bier mih kritt, weil et kei Wasser jitt,
wenn et morje kei Fleisch mih met Ääpele jöv,
dat wör e Verhängnis, wör wie em Jefängnis,
d'r Anfang vum Eng, doch met uns läuf dat nit.

Denn mir Kölsche, mir klääve wie d'r Düvel am Lääve
uns Kölsche nimmp keiner – ejal wat och weed –
dä Spaß für ze laache, dä Bock jet ze maache,
mir klääve am Lääve, uns kritt keiner klein.

Wenn ihr meint, dat dä janzen Dreck Platz do am Himmel hätt´
wenn ihr meint, unsre Bösch wör noch kräftich jenoch,
dann dot noch jet schwade, e paar Jöhrcher wade,
dat mät nix, ihr schafft et, nur uns schafft ihr nie.

Denn mir Kölsche, mir klääve wie d'r Düvel am Lääve ...

Un wenn ihr meint, dat et sech´rer weed, wemmer jet rüsten deit,
wenn ihr meint, wä am lauteste schreit, wör em Räch,
dann haut üch de Köpp en, domet mer üch loss sin,
denn ohne üch kumme mer vill besser zeräch.

Denn mir Kölsche, mir klääve wie d'r Düvel am Lääve ...

Un wenn irjendwer sät, für uns Äd wör et längs ze spät,
un wenn irjendwer meint, et wör alles am Eng,
dann dot üch verschanze, doch gläuvt uns, mer pflanze
noch hück e jung Bäumche met Woozele en.

Denn mir Kölsche, mir klääve wie d'r Düvel am Lääve ...

Mir schenken dä Ahl e paar Blömcher

Text und Musik: H. R. Knipp

Em janze Veedel es die ahl Frau Schmitz bekannt,
se weed vun alle nur et Schmitze Bill jenannt.
Die hät nit viel, es nit besonders rich,
und hät noch lang net jeden Meddach Fleisch om Desch.
Nur ein Deil jit et, wo se Freud dran hät,
dat sin de Blömcher op ihrem Finserbrett.

Mir schenken dä Ahl e paar Blömcher,
e paar Blömcher für ihr Finsterbrett.
Mir schenken ihr e paar Blömcher,
denn die ahl Frau Schmitz, die es esu nett.

Un klopp och öfters ens ne Ärme an ihr Dühr,
dat se janix jitt, ich glöv, dat kütt nit vür.
Un es se och nit rich, es keine Milljonär,
jet zu verschenke, dat fällt ihr nit schwer.
Un sin et nur zehn Pfennig, un nit mih,
dofür hät se ävver unser Sympathie.

Mir schenken dä Ahl e paar Blömcher ...

Un es die ahl Frau Schmitz ens einmal nit mih do,
dann deit dat manchem wih, bestemp dat es doch klor.
Wor se och nit rich, dat nit besonders vill,
so war se doch für all et leeve Schmitz Bill.
La, la, la, la ...

Mir schenken dä Ahl e paar Blömcher ...

Op dem Maat
Text: K.-H. Brand, F. Müntnich

Op dem Maat, op dem Maat stonn die Buure.
Dicke Eier, fuhle Prumme, lange Murre.
Un die Lück, un die Lück sin am luure,
Op die Eier, op die Prumme, op die Murre.

Et Samsdaachs jeht die Mama immer janz fröh op dr Maat
Denn do jitt et fresche Eier, Kappes un Salat.
En Maatfrau schreit aus voller Brust,
„Dr Koppschlot dreimarkvier"
Met Lüs un Schnecke inclusiv, dat es doch nit ze dür.

Op dem Maat, op dem Maat stonn die Buure …

En Colonia, en Colonia

Un nevven ahn, do steht ene Kääl met Kappes un Schavou
Dä Kappes es met Mess jedünk, un Ferkesjauche pur.
Doch eines hätt hä nit bedaach dat es doch sunneklor,
Dat och dr Mess hück nit mie es, wat hä ens fröher wor.

Op dem Maat, op dem Maat stonn die Buure …

En Colonia, en Colonia

En Currywoosch, für zweschedurch, schmeckt he noch Jung un Alt
Denn dofür sorch dr Curry-Jupp vum schöne Westerwald.
Un für die Woosch em Plastikdarm, jewürz met vill Phosphat,
Do stonn sujar de Jröne an dr Frittebud parat.

Op dem Maat, op dem Maat stonn die Buure …

Op dem Maat, op dem Maat stonn die Buure …

Polterovend

Text und Musik: T. R. Engel, R. Hömig, G. Lückerath, H. Priess,
W. Schnitzler, P. Schütten, E. Stoklosa

Hück es Polterovend en d'r Elsaßstroß
denn d'r Pitter hierot morje et Marie.
Dat Marie hätt' ich su jän för mich jehat,
ich han et och probeet, doch mich, mich woll' et nie.

Wie et em Levve off esu jeit, mer lurt, wat en d'r Zeidung steit.
Hück stund en Annonce do dren, ich dach, mich tritt e Päd vür't Kenn.
Dä Pitter Hippenstiel us Goch hierot et Marie dis Woch.
Dat kann doch ja nit möglich sin, dä Typ, dä muß ich sin.

Wat hät dä dann, wat ich nit han. Wie schön mag dä wohl sin?
Do denk ich mir jet Feines us, ich jläuv, do jon ich hin.

Hück es Polterovend en d'r Elsaßstroß ...

Ach, Marie, ach, Marie, mir deit et Hätz su wih.
Wie jän hätt' ich met dir dis Naach de Stroß jefäch
doch met mir, doch met mir, do wollt'ste nie.
Doch met mir, doch met mir, do wollt'ste nie.

Ich han 'ne LKW bestellt vun mingem allerletzte Jeld,
dä hät en janze Ladung Schutt dann denne vür de Dür jeschott.
En jode Mischung Sauerei, jenau jenomme fünferlei:
Hausmüll, Altöl, Schrott un Kies, jot jemengk met Buuremeß.
D'r Pitter hät dä Dreck jefäch, un ich han et Marie
drei Stunde en de Kneip' entführt un Spaß jehat wie nie.

Hück es Polterovend en d'r Elsaßstroß ...

Ach, Marie, ach, Marie, mir deit et Hätz su wih ...

Schau mir in die Augen

Text und Musik: K.-H. Brand, F. Müntnich

Schau mir in die Augen, ganz ganz tief hinein
und dann sag mir kann denn Liebe Sünde sein.
Schau mir in die Augen, was ist schon dabei
alles was geschehn wird, kann nur Schicksal sein.

Dr Kegelclub „Mer halten drop" wor widder an dr Ahr
die Junge woren all joot drop, die Stimmung wunderbar.
Un irgendwann um halver zehn, do wor et dann vorbei
met der Moral en dem Lokal wor nur noch Knutscherei.
De Musik spillte Damenwahl – un alles sung dobei:

Schau mir in die Augen, ganz ganz tief hinein …

Dat Annemie us Metternich wor joot zwei Zentner schwer
un och ene Meter achzich lang, met Scholder wie ne Bär.
Et danzte mit dem Müllers Hein, dem kleine Plaatekopp
zum fünfte Mol Lambada, wie en Rennpäd im Jalopp
un saat nur: Hein ich stonn op dich – do säät hä nur dodrop:

Schau mir in die Augen, ganz ganz tief hinein …

Su jing et durch die janze Naach bes morjens früh um vier
um aach Uhr jov et Frühstück dann met Sekt un och met Bier,
als dann de jroße Abschied kohm – dr Bus noh Metternich
do saat dr Hein: ach Herzlein, verjiß mich bitte nicht
un bütz mich doch noch einmol nur – denn Tränen lügen nicht.

Schau mir in die Augen, ganz ganz tief hinein …

Schau mir in die Augen, ganz ganz tief hinein …

Alles was geschehn wird, kann nur Schicksal sein.

Superjeilezick
Text und Musik: P. Brings, S. Brings

Maach noch ens die Tüt an, he is noch lang nit Schluss
Un och noch en Fläsch op – ich will noch nit noh Hus
Ich kenn e paar Schüss, die han jenau wie mer
Bock op en Party, sag dat jeit doch hier.

Kumm, maach keine Ärjer, maach keine Stress
Mer sin uch janz leis un maache keine Dress.
A beßje jet Rauche, jet Suffe un dann
Loore ob mer mit dä Schüss jet danze kann.

Nä, wat wor dat dann fröher en superjeile Zick
Mit Träne in d´r Auge loor ich manchmol zurück.
Bin ich hück op d´r Roll nur noch half su doll
Doch hück Naach weiß ich nit wo dat enden soll.

Et weed immer späder, drusse weed et hell.
Mer sitze noch zesamme bei Biercher un Verzäll.
Et is fast wie fröher, doch ich muss noh Hus
Do fängt et an ze schneie, medden im August.

Et is mir dressejal ob ich hück umfall
Ob ich noch schwade, oder nur noch lall.
Erwachse weede kann ich uch morje noch.
Langsam weed et he jemötlich, denn die Schüss, die laufe op.

Nä, wat wor dat dann fröher en superjeile Zick …

Viva Colonia

Text und Musik: J. P. Fröhlich, H. Krautmacher, R. Krautmacher,
J. Schulte Ontrop, P. Werner-Jates

Met ner Pappnas gebore, dr Dom en dr Täsch,
han mir uns jeschwore: Mer jon unsre Wääch
Alles wat mer krieje künne, nemme mer och met,
weil et jede Augenbleck nur einmol jitt …

Mer jon zom F.C. Kölle un mer jon zom KEC
Mer drinke jän e Kölsch un mer fahre KVB
Henkelmännche – Millowitsch, bei uns es immer jet loss
Mer fiere jän, ejal of klein of jroß – wat et och koss´!

Da simmer dabei ! Dat is prima! VIVA COLONIA!
Wir lieben das Leben, die Liebe und die Lust
Wir glauben an den lieben Gott und hab´n noch immer Durst.

Mer han dä Kölsche Klüngel un Arsch huh – su heiß´ et he!
Alaaf op Ruusemondaach un Aloah CSD
Mer sin multikulinarisch – mer sin multikulturell
Mer sin in jeder Hinsicht aktuell – auch sexuell!

Da simmer dabei ! Dat is prima! VIVA COLONIA …

Mer lääve hück – nit murje, zo schnell verjeiht die Zick
L.M.A.A. ihr Sorje – mer lääve dä Augenbleck

…un dä es jenau jetz´ !

Da simmer dabei ! Dat is prima! VIVA COLONIA …

Da simmer dabei ! Dat is prima! VIVA COLONIA …

Wenn de Sonn schön schingk

Text und Musik: T. R. Engel, R. Lammers, G. Lückerath, H. Priess,
P. Schütten, E. Stoklosa

Wenn plötzlich et Barometer fällt
dann will d'r Pap si Sonndachsjeld.
Es hä dann heimlich durch de Dür
dann kritt de Mam et ärme Dier.
1000 mol es ihr dat schon passet,
doch se weed nit schlau.
Äver jetzt fängk sie et anders ahn,
denn sie hät ne Plan.

Wenn de Sonn schön schingk
weed et Wedder widder wärm
dann pack sich d'r Pap de Mama in dä Ärm.
Wenn de Sonn schön schingk
deit dat dä zwei su jot, su jot.
Doch wenn de Sonn nit schingk
un et Wedder es nit wärm,
dann pack sich de Mam de Papa in dä Ärm.
Wenn de Sonn nit schingk
küttt de Papa trotzdem nit ze koot,
doheim blieve deit och ens joot.

De Mam hätt dä Drieh jetzt endlich russ,
hück bliev d'r Papa brav ze huss.
Ejal wat dä Wedderfrosch verzällt,
dat Barometer nit mieh fällt.
1000 mol wor ihr dat schon passeet,
hück weiß se jenau,
wie mer Männer öm de Finger drieht,
dofür is se Frau

Wenn de Sonn schön schingk …

Am Aschermittwoch

Text: H. Johnen
Musik: J. Schmitz

Am Aschermittwoch
Ist alles vorbei.
Die Schwüre von Treue
Sie brechen entzwei,
Von all deinen Küssen
Darf ich nichts mehr wissen.
Wie schön es auch sei,
Dann ist alles vorbei.

Trinke die Freude, denn heut ist heut.
Das, was erfreut, hat noch nie gereut,
Fülle mit Leichtsinn dir den Pokal:
Karneval, Karneval!
Hast du zum Küssen Gelegenheit,
Mensch, dann geh ran mit Verwegenheit.
Sag niemals nein: wenn das Glück dir winkt,
Bald das Finale erklingt:

Am Aschermittwoch
Ist alles vorbei …

Das kölsche Grundgesetz

Es regelt seit Agrippina das Leben, macht es schwerelos und wäre überhaupt eine Anregung für alle Völker der Erde!

§ 1
Sieh den Tatsachen ins Auge.
Et es wie et es.

§ 2
Habe keine Angst vor der Zukunft.
Et kütt wie et kütt.

§ 3
Lerne aus der Vergangenheit.
Et hät noch immer jot jejange.

§ 4
Jammere den Dingen nicht nach.
Wat fott es es fott.

§ 5
Sei offen für Neuerungen.
Et bliev nix wie et wor.

§ 6
Sei kritisch, wenn Neuerungen überhand nehmen.
Kenne mer nit, bruche mer nit, fott domet.

§ 7
Füge dich in dein Schicksal.
Wat wellste maache ??

§ 8
Achte auf deine Gesundheit.
Mach et jot ävver nit ze off.

§ 9
Stelle immer erst die Universalfrage.
Wat soll der Quatsch ?

§ 10
Komme dem Gebot der Gastfreundschaft nach.
Drinkste eine met ?

§ 11
Bewahre dir eine gesunde Einstellung zum Humor.
Do laachste dich kapott.

Rechte

- Dat Wasser vun Kölle
© 1983 by De Bläck Fööss Musikverlag GmbH, Bergisch Gladbach
- De Mama kritt schon widder e Kind
© 1978 De Bläck Fööss Musikverlag GmbH, Bergisch Gladbach
- In unserem Veedel
© 1973 by Presto Musikverlag Hans Gerig KG, Köln
© 1978 by Bläck Fööss Musikverlag GmbH, Bergisch Gladbach
Drink doch eine met
© 1971 by Presto Jac. Jörgensen Bühnen- und Musikverlag & Co., Köln
© 1978 by de Bläck Fööss Musikverlag GmbH, Bergisch Gladbach
- Leev Linda Lou
© 1972 by Presto Jac. Jörgensen Bühnen- u. Musikverlag & Co., Köln
© 1978 by De Bläck Fööss Musikverlag GmbH, Bergisch Gladbach
- Mir klääve am Lääve
© 1984 by De Bläck Fööss Musikverlag GmbH, Bergisch Gladbach
- Mer losse d'r Dom en Kölle
© 1973 by Presto Jac. Jörgensen Bühnen- u. Musikverlag & Co., Köln
© 1978 by De Bläck Fööss Musikverlag GmbH, Bergisch Gladbach
- Polterovend
© 1983 by De Bläck Fööss Musikverlag GmbH, Bergisch Gladbach
- Wenn de Sonn schön schingk
© by De Bläck Fööss Musikverlag GmbH, Bergisch Gladbach
Abdruck der vorherigen Titel mit freundlicher Genehmigung der Bläck Fööss Musikverlag GmbH, Bergisch Gladbach

- Mir sin kölsche Mädcher
© 1989 by Bosworth GmbH Music Publishing, Berlin
All Rights Reserved International Copyright Secured
Abdruck erfolgt mit freundlicher Genehmigung von Bosworth GmbH, Berlin

- Dat Hätz vun dr Welt
© 1998 by Edition Accord Musikverlag GmbH & Co KG, EMI Music Publishing, Hamburg
Abdruck erfolgt mit freundlicher Genehmigung von Edition Accord Musikverlag GmbH & Co KG, EMI Music Publishing, Hamburg

- Denn wenn et Trömmelche jeit; Echte Fründe
© by Edition Tebo-Ton, Brühl
Abdruck erfolgt mit freundlicher Genehmigung von Edition Tebo-Ton, Brühl

- Heidewitzka Herr Kapitän
© by Karl Berbuer Musikverlag & Co., Frankfurt/ Main
Abdruck erfolgt mit freundlicher Genehmigung von Karl Berbuer Musikverlag & Co., Frankfurt/ Main

- Ich ben ne Räuber
© 1979 by Musikverlage Hans Gerig KG, Bergisch Gladbach
Abdruck mit freundlicher Genehmigung der Musikverlage Hans Gerig KG, Bergisch Gladbach

- Am Eigelstein es Musik; Beinah, beinah
© 1994 (erstes Lied); 1993 (letzteres Lied) by Paveier Musikverlag, Bergisch Gladbach
Abdruck erfolgt mit freundlicher Genehmigung von Paveier Musikverlag, Bergisch Gladbach

- Am Aschermittwoch
© by Musikverlag Jupp Schmitz, Bergisch Gladbach
Abdruck erfolgt mit freundlicher Genehmigung von Musikverlag Jupp Schmitz, Bergisch Gladbach

- En d´r Kaygass
© by Otto Kuhl Musikverlag KG, Frankfurt/Main
Abdruck erfolgt mit freundlicher Genehmigung von Otto Kuhl Musikverlag KG, Franfurt/Main

- Buenos Dias Mathias
© 1987 by Papagayo Musikverlage Hans Gerig OHG, Bergisch Gladbach
- Es war in Königswinter
© 1988 by Papagayo Musikverlage Hans Gerig OHG, Bergisch Gladbach
- Op dem Maat
© 1989 by Papagayo Musikverlage Hans Gerig OHG, Bergisch Gladbach
- Schau mir in die Augen
© 1990 by Papagayo Musikverlage Hans Gerig OHG, Bergisch Gladbach
Abdruck der vorherigen Titel mit freundlicher Genehmigung von Papagayo Musikverlage Hans Gerig OHG, Bergisch Gladbach

- Mir schenken dä Ahl e paar Blömcher
© 1968 by Presto Musikverlag Hans Gerig KG, Bergisch Gladbach
Abdruck mit freundlicher Genehmigung von Presto Musikverlag Hans Gerig KG, Bergisch Gladbach

Eimol Prinz zo sin
© by TMK Musikverlag, Köln
Abdruck erfolgt mit freundlicher Genehmigung von TMK Musikverlag, Köln

Dicke Mädchen haben schöne Namen; Die Karawane zieht weiter;
Hey Kölle! Du bes e Jeföhl!; Kumm loss mer fiere; Superjeilezick; Viva Colonia
© by Vogelsang Musik GmbH, Köln
Abdruck erfolgt mit freundlicher Genehmigung von Vogelsang Musik GmbH, Köln